LES PHILIPPE

JULES RENARD

Les Philippe

précédés de

PATRIE !

décorés de cent un bois originaux,
dont huit camaïeux,
de

PAUL COLIN

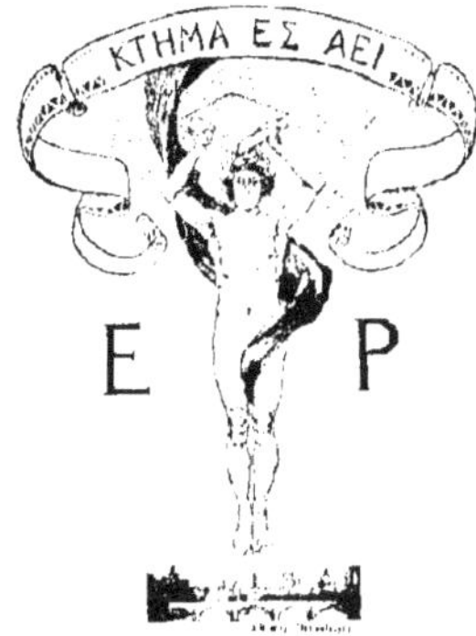

ÉDITIONS D'ART
ÉDOUARD PELLETAN
125, Boulevard Saint-Germain, 125
PARIS

1907

Exemplaire N° 1039.

H. F.

JULES RENARD

Les Philippe

précédés de

PATRIE !

décorés de cent un bois originaux,
dont huit camaïeux,
de
PAUL COLIN

EDITIONS D'ART
ÉDOUARD PELLETAN
125, Boulevard Saint-Germain, 125
PARIS

1907

PATRIE !

Je me souviens que, ce soir-là, je n'avais pas vu mon village depuis longtemps ; je me promenais dans ses rues courtes qui me paraissaient autrefois embrouillées, et je trouvais ses maisons si basses qu'elles me faisaient de la peine. Brusquement, j'aperçus, devant une porte, un petit gars, en robe, debout près d'une chaise et pas plus haut qu'elle.

Il criait : « Encore ! Encore ! »

Une vieille femme sortait de la maison et apportait, au creux d'une écumoire, deux ou trois haricots rouges fumants qu'elle laissait sur la paille de la chaise. Le petit gars prenait ces haricots avec ses doigts bosselés, se brûlait, soufflait, avalait et criait : « Encore ! Encore ! »

Me voyant arrêté, il se sépara de la chaise, vint jusqu'à moi, me prit la main et me suivit. Je ne le reconnaissais pas trait par trait, mais il était déjà de ma couleur.

Plus loin, j'aperçus un enfant de chœur qui marchait derrière M. le curé, vers un reposoir. Il portait, à son ventre, une corbeille pleine de bluets, de coquelicots et d'églantines. Il en jetait des poignées à droite et à gauche. Il en jetait mal ou il en jetait trop, car le maître d'école lui appliqua si bien sur sa tête nue un énorme livre de messe que l'enfant s'agenouilla du coup et se tint sage.

Mais à ma vue, il se releva, quitta la procession et me prit l'autre main.

Plus loin, collé au mur, un troisième enfant pleurait, non parce que sa grand'mère venait de mourir, mais parce qu'on lui disait : « Comment ! ta grand'mère est morte et tu ne pleures pas ! »

Plus loin, un quatrième, presque un jeune homme, causait avec la grosse Berthe et ne se doutait pas que la maman de Berthe les entendait de sa croisée et préparait des gifles.

Comme les précédents, ces deux fantômes, vite reconnus, se détachèrent, l'un de son mur, l'autre de sa bonne amie, pour me suivre.

Je me garde d'exagérer et de dire que tout le

village en était peuplé, que chacun de mes pas dérangeait une vision lointaine de moi-même, et que bientôt leur foule gêna ma promenade. Non ! ce fut intense, mais rapide.

Aucune de mes images antérieures n'eut la force de m'accompagner hors du village. A l'air libre, elles s'évanouirent. Le petit gars aux haricots m'abandonna le dernier.

Resté seul, sûr qu'avec un peu d'imagination je retrouverais le lendemain, toujours, aux mêmes endroits et à mon gré, cette famille d'ombres, j'écoutais s'éteindre en moi le bruit d'un cœur ému et je me disais :

Trois ou quatre maisons, juste ce qu'il faut de terre et d'eau à des arbres, de pâles souvenirs d'enfance dociles à notre appel, comme c'est quelque chose de simple, la patrie ! Et puisque tous les hommes peuvent en avoir une pareille sans plus de frais, pourquoi font-ils tant d'histoires !

LES PHILIPPE

PHILIPPE habite la maison qu'habitait son père et c'est peut-être la plus vieille du village. Son toit de chaume moussu et rapiécé qui descend jusqu'à terre, sa porte basse, sa petite croisée qui ne s'ouvre pas, lui donnent l'air d'avoir au moins deux cents ans. Madame Philippe en est honteuse.

— Faut-il être pauvre, dit-elle, pour la laisser dans cet état !

— Moi je trouve, lui dis-je, votre maison très bien.

— Quand on touche le mur, dit-elle, le plâtre vient avec les doigts.

— Personne ne t'empêche, dit Philippe, de boucher les trous avec des numéros du *Petit Parisien.*

— Je ne réclame pas une maison de riches, dit-elle, je ne demande que la propreté, et si j'avais quatre sous d'économies, la bicoque serait réparée demain.

— Ne faites pas ça, Madame Philippe ; je vous assure que votre maison est admirable.

— Elle ne tient plus debout.

— Ne t'inquiète pas, dit Philippe, elle est assez solide pour t'enterrer.

— En me tombant sur la tête, dit Madame Philippe, que sa réponse fait rire seule.

— Ne craignez rien, dis-je, et ne méprisez pas votre maison. Vous auriez tort ; elle a beaucoup de valeur. Songez que c'est un héritage de vos ancêtres, et puisque vous avez le culte des morts, gardez avec respect tout ce qui vous vient d'eux. Votre maison, c'est un souvenir du vieux temps, une relique sacrée.

— Je ne vous dis pas le contraire, répond Madame Philippe déjà flattée.

— A votre place, je me garderais d'y changer une pierre. Je la préfère aux maisons neuves ; oui, oui, au point de vue pittoresque et instructif, je l'aime mieux qu'un château moderne, parce que cette bonne vieille maison nous rappelle le passé et que, sans elle, nous ne saurions plus comment étaient bâties les maisons de nos pères.

— Tu entends? dit Philippe, presque toujours de mon avis contre sa femme.

— C'est vrai, dit-elle retournée, qu'il faudrait aller loin pour voir une maison comme la nôtre, et que, dans tout le pays, elle n'a pas sa pareille. Entrez donc, s'il vous plaît !

Ce qui frappe d'abord dès le seuil, c'est

le lit de bois aussi large que long sur ses pieds sans roulettes. J'imagine qu'il a dû passer par la cheminée. La porte était trop étroite.

— Il se démonte, me dit Philippe.

Madame Philippe ne le tire jamais. Une fois collé au mur, il y est resté. Comme elle n'a pas le bras long, elle se sert d'une fourche pour écarter les draps et border le lit du côté du mur.

— Dans l'ancien temps, dit Philippe, il y avait, au-dessus du lit, un dais carré de planches porté par quatre quenouilles, et tout autour s'accrochaient des rideaux jaunes à bordure verte.

— Des rideaux de grosse laine tissée sur de la toile, dit Madame Philippe. On appelait ça du poulangis ; c'était inusable.

— On n'en voyait pas la fin, dit Philippe, on les pendait et on ne les dépendait plus. Ils renfermaient le lit. On ne les ouvrait que pour y entrer, comme à la comédie, et quand le père montait se coucher, il disait : « Bonsoir, mes enfants, je vas à la comédie ! »

— Cette espèce de rideaux n'existe plus, dit Madame Philippe. La dame du château les a détruits. Elle les achetait pour faire des tentures.

— Mon père lui a vendu les siens cinquante francs, dit Philippe. C'est bien payé. Ils n'en valaient pas vingt.

— Nous avons, dit Madame Philippe, encore un lit de cette taille-là sur le grenier.

— Pourquoi ne l'utilisez-vous pas? A votre âge, vous seriez mieux chacun dans votre lit.

— Que Philippe couche, s'il veut, dans un lit à part, répond Madame Philippe. Moi, je couche dans le mien.

— Dans le tien! C'est le mien aussi, dit Philippe.

— C'est le lit de nos noces, dit-elle.

— Et vous croyez que vous dormiriez mal dans un autre lit?

— Je n'y dormirais pas à ma main, dit-elle.

— Et vous, Philippe?

— Jamais je ne découche.

Il ne s'agit pas d'affection et de fidélité. Ils couchent une première nuit ensemble et voilà une habitude prise pour la vie. L'un et l'autre ne quitteront le lit commun qu'à la mort.

Ils ne se servent pas de leurs oreillers. Ils les posent la nuit sur une chaise, parce que ces oreillers doivent rester le jour sur le lit, pleins et durs, blancs et frais à l'œil.

— Ça fait joli et il ne faut pas, me dit Madame Philippe, que le monde les voie fripés.

— Cachez-les sous la couverture, personne ne les verra.

— C'est la mode de les laisser dessus.

— C'est cependant si naturel, quand on a un oreiller de le mettre sous sa tête !

— On le place sous la tête, dit Philippe, dans le cercueil. Les héritiers laissent toujours un oreiller au mort.

— Mais ils donnent n'importe lequel, dit Madame Philippe. Ils ne sont pas obligés de faire cadeau du meilleur.

Les Philippe couchent sur une paillasse et un lit de plume. Ils ne connaissent pas le matelas. La laine et le crin valent trop cher, et ils ont pour rien la plume de leurs oies.

— J'ai souvent vu, dis-je, sur la route des oies si déplumées qu'elles faisaient de la peine. Je les croyais malades.

— Elles étaient déplumées exprès, dit Philippe, seulement elles l'étaient trop. Il ne faut pas ôter les plumes qui maintiennent l'aile, sans quoi l'aile pend et fatigue la bête.

— Elle doit souffrir et crier, quand on la plume ainsi vivante ?

— On attend, dit Madame Philippe, que la plume soit mûre et se détache toute seule. C'est le moment de la récolter. On la récolte trois fois par an.

— Une ménagère habile ne se trompe pas d'époque, dit Philippe, et elle ne laisse pas perdre une plume. On prétend même qu'une fille n'est bonne à marier que lorsqu'elle saute sept fois un ruisseau pour ramasser une plume.

— C'est une gracieuse légende.

— Oh! répond Philippe, c'est une blague.

Philippe couche sur le bord et Madame Philippe au fond.

— Est-ce que vous mettez une chemise de nuit?

— Celle de jour n'est donc pas bonne? dit Philippe.

Elle est tellement bonne qu'elle dure au moins

une semaine et quelquefois deux. Je ne suis pas sûr que Madame Philippe ôte son jupon. A quoi ça l'avancerait-il de tant se déshabiller ? Il y a belle heure qu'ils ne se couchent que pour dormir. Ils dorment d'ailleurs dans le lit de plumes comme dans deux nids séparés. Ils y enfoncent chacun de leur côté. Ils y reposent sans remuer, à l'étouffée ; ils y soufflent et ils suent, et le matin, quand ils ouvrent la porte, ça sent la lessive.

— Rêvez-vous, Philippe ?

— Rarement, dit-il, et je n'aime guère ça, on dort mal.

Il croit qu'on ne peut faire que des rêves désagréables. Quant à Madame Philippe, elle ne rêve jamais.

— Ou si je rêve, dit-elle, je ne m'en aperçois pas.

— De sorte que vous ne savez pas ce que c'est qu'un rêve ?

— Non.

— Je te l'ai expliqué, dit Philippe.

— Tu m'expliques ce qui se passe dans ta tête, et moi je te réponds qu'il ne se passe rien de même dans la mienne ; alors ?

En échange, c'est toujours elle qui se lève la première.

— A quelle heure ?

— Ça dépend de la saison.

— L'été ?

— L'été, ce n'est pas l'heure qui me règle, c'est le soleil.

— Malgré les volets ?

— Jamais je ne les ferme, dit-elle, j'aurais peur du tout noir, et j'aime être réveillée par le soleil. Il habite là-bas juste en face de la fenêtre, et aussitôt qu'il sort de sa boîte, il vient jouer sur mon nez.

PHILIPPE a fait bâtir une grange près de la maison et la grange neuve est bien mieux que la vieille maison qui menace ruine. D'abord on ne voit pas clair à l'intérieur de cette maison. Il faudrait remplacer la porte pleine par une porte-fenêtre; mais on en parlera une autre fois. Ce qui presse, c'est le toit de chaume : il s'affaisse et s'éboulera si on ne change la grosse poutre du milieu.

— Il n'y a plus à reculer, se dit Philippe.

Il achète une poutre et la charroie devant la porte de sa maison, et c'est tout ce qu'il peut faire pour le moment. Il la mettra sur le toit, plus tard,

quand il aura de quoi payer une couverture de paille. La poutre reste par terre, à la pluie, au soleil, dans l'herbe, et les gamins s'amusent à courir dessus, quand ils sortent de classe.

PHILIPPE n'a pas de métier spécial ; il sait seulement tout faire. Il sait conduire un cheval, panser le bétail, tuer un cochon, faucher, moissonner, fagoter et mesurer et empiler du bois sur le petit port du canal, jeter l'épervier, cultiver un jardin. Il sait faire le serrurier, le menuisier, le tonnelier, le couvreur et le maçon. Mais, quelque travail qu'on lui commande, il ne l'accepte qu'après avoir réfléchi. Je crains toujours un refus.

— Philippe, pourriez-vous réparer cette cheminée qui finira par tomber sur la tête de quelqu'un ?

Philippe regarde longtemps la cheminée, calcule ce qu'il faudrait d'échelles, de briques, de mortier, et dit :

— Oh ! ma foi, monsieur, c'est possible.

— Philippe, voulez-vous planter-là une pointe?

Il observe l'endroit du mur que je désigne, la pointe, le marteau.

— Par Dieu ! dit-il, tout de même il y aurait moyen.

JE suis venu au monde avec mes deux bras, dit Philippe.

A leur mariage, ils avaient, sa femme et lui, quatre bras. Chaque nouvel enfant ajoute les deux siens. Si personne de la famille ne s'estropie, ils ne manqueront jamais de bras, et ils risquent seulement d'avoir trop de bouches.

Le jour de son mariage, Philippe rit comme jamais il n'avait ri, et il mangea de quatorze plats. Il fit danser toutes les femmes du village, et les plus vieilles même durent virer à son bras, secouées ainsi que de maigres épouvantails par un temps d'orage.

Au contraire, Madame Philippe, muette et sans appétit, resta assise.

Elle ne comprenait pas les mots plaisants, elle rentrait une épingle, elle rejetait en arrière sa plante grimpante. Tantôt, les doigts croisés, elle songeait qu'il faudrait dès demain se mettre à l'ouvrage et nettoyer, tantôt elle regardait avec résignation son mari, comme une bête estropiée tourne les yeux vers le monde.

Enfin, ils se couchèrent. D'abord, tout alla bien. Madame Philippe, coite, ne bougeait pas, seulement préoccupée de rendre à Philippe, coup pour coup, les baisers qu'il lui appliquait.

Mais quand elle bêla, sursautante, comme le mouton qu'on avait saigné hier :

— Ah ! crie si tu veux, mâtine ! lui dit Philippe, il y a trop de jours que j'attends, je ne peux plus durer.

Tandis qu'il caressait la mariée d'une main légère, d'une main pesante il lui fermait la bouche.

Qu'AVEZ-VOUS donc à la main?

— Je me suis coupé un morceau du poignet, dit Philippe.

Il souffre moins qu'il ne s'étonne. Il a pu jusqu'ici couper avec sa serpe, sans une égratignure, des arbres durs, gros comme la cuisse. Or, il veut ce matin couper une mince petite baguette. Il faut croire qu'il vise mal et qu'il y met trop de force. Il manque la baguette et sa serpe lui entaille le poignet jusqu'à l'os. La blessure se cicatrisera, mais elle bâille bien grand. La baguette, restée au bois, l'a échappée belle.

— Je crois qu'il le fait exprès, dit sa femme. A chaque instant, il lui arrive des tours pareils.

Et elle raconte qu'une autre fois il vient de nettoyer un coin de la grange afin d'y battre du blé. Le sol est net comme une table. Philippe grimpe en haut, par l'échelle, pour descendre une gerbe. Sa fourche mal piquée cède et il tombe, en arrière, dans la grange. On le relève avec trois trous à la tête, trois trous qui faisaient une grosse bosse.

Je vois que Philippe, qui écoute sa femme, s'apprête à rire.

— Oui, monsieur, dit-elle, imaginez-vous qu'il tombe juste à la place qu'il avait si proprement balayée!

A ces mots, Philippe éclate de rire.

Mais Madame Philippe, qui est une femme courte et ronde, ne rit pas. Elle agite ses petits bras de lézard et me dit:

— Entendez-moi, monsieur; après chacune de ses bêtises, il reste des semaines sans travailler. Il

est temps que ça finisse et je lui promets que, s'il recommence de faire le braque, je lui jette un pot d'eau bouillante à la figure !

C'ÉTAIT un beau canard à queue bouclée, gras et de riches couleurs, et qui portait son bec, comme une large barbe, au milieu du visage. Chacun se réjouissait de le manger, mais personne ne voulait le tuer. La servante même, qui le tenait par les pattes, faisait des grimaces. Heureusement, Philippe travaillait non loin de là, au jardin ; il vit notre embarras et dit :

— Apportez-le moi.

Je prévoyais la scène. J'avais envie d'aller ailleurs. Je me forçai à rester. La servante tendit à Philippe le couperet de cuisine. Après en avoir tâté du doigt le tranchant, il préféra sa serpe. Il appliqua sur une bûche plate le ventre du canard. La tête dépassait un peu, ahurie, presque immobile.

— Attachez-lui la tête avec une ficelle, dit la servante. Je tiendrai le bout, sans quoi il va retirer la tête.

— Il n'aura pas le temps, dit Philippe.

Et d'un seul coup de serpe, tandis que nous fermions les yeux, il fit voler la tête du canard.

Puis il l'éleva en l'air et le laissa saigner.

Le canard décapité battait de l'aile et, d'un effort spasmodique, dressait son cou rouge et ruisselant.

Il avait la vie dure.

Et bientôt il rendit par le cou et non par le bec (son bec était là-bas, au pied du mur), les dernières graines avalées.

— Il démange, dit Philippe retourné à son travail.

Le canard mollissait. Toutefois, ses plumes se gardèrent longtemps chaudes.

On félicita Philippe.

— C'est à croire, lui dis-je, que vous avez pris des leçons de Deibler.

Il répondit gravement :

— Jamais personne ne m'a montré.

— Et ça ne vous fait pas quelque petite chose?

— De tuer un canard, non, dit Philippe. Peut-être que si c'était une autre bête!... Mais les canards, j'en tuerai tant qu'on voudra.

PHILIPPE et Madame Philippe ne sont jamais venus à Paris et Madame Philippe n'a pas envie d'y venir.

— Pourquoi ?

— Parce que, dit-elle, si j'avais soif dans les rues, comment donc que je ferais pour boire un coup d'eau ?

Au contraire, Philippe voudrait bien voir Paris. Il a même failli le voir. En ce temps-là, il était domestique chez le fermier Corneille qui lui dit :

— Je ne peux pas m'absenter cette semaine. Tu vas prendre ma place et accompagner le toucheur qui mène nos bœufs au marché de la Villette.

Déjà on avait embarqué les bœufs, et Philippe, qui portait une veste sous sa blouse, montait dans un wagon à bestiaux, à côté du toucheur. Il était content, il riait, il parlait fort, lorsqu'accourut le fermier Corneille :

— J'ai réfléchi, dit-il, je peux aller à Paris.

— Alors, moi, dit Philippe, je reste ?

— Naturellement, dit le fermier Corneille. Nous n'avons droit qu'à deux places dans le wagon à bestiaux. Et d'ailleurs, quand je ne suis plus à la ferme, personne, excepté toi, n'est capable de la garder.

Philippe s'en retourna, déçu d'une part et flatté de l'autre.

Le ménage Philippe travaille dans le jardin. Philippe relève et noue les poireaux. Il leur fait, dit-il, des chignons. Madame Philippe, à genoux, allume en plein air la lessiveuse avec du papier et des bûchettes et elle écoute si le feu pétille. Elle dit bientôt :

— Je crois qu'il commence à faire la vie.

— Venez, leur dis-je, prendre une tasse de café.

Comme s'ils étaient sourds, il faut que je les appelle une seconde fois. Ils ont bien entendu et s'observent de loin. Puis, sans que je sache quel signe les a mis d'accord, ils quittent ensemble leur ouvrage, et, préoccupés d'arriver ensemble, ils s'approchent d'un même pas, les yeux baissés.

— Sucrez-vous.

Madame Philippe, la première, pince des doigts

un morceau de sucre qu'elle pose avec précaution dans sa tasse.

— Sucre-moi aussi, dit Philippe.

— N'es-tu pas capable de te sucrer tout seul? dit Madame Philippe qui me regarde.

— J'ai les mains trop sales, dit Philippe.

Madame Philippe pince un autre bout de sucre et le met sur la table.

— Le laisses-tu là? dit Philippe.

— Faut-il donc, dit-elle, que je l'apporte jusque dans ta tasse?

— On finit ce qu'on commence, dit-il.

Ils font ces manières autant par gêne que pour se taquiner. Et c'est encore Madame Philippe qui, la première, remue son café et se brûle les lèvres à la tasse fumante. Non qu'elle soit effrontée, mais elle veut prouver à Philippe qu'elle a moins peur que lui du Monsieur.

Qu'AVEZ-VOUS mangé hier, Madame Philippe ?

— Notre reste de lapin maigre.

— Pourquoi maigre?

— Parce que nous ne l'engraissons pas avant de le tuer. Il reviendrait trop cher. Depuis trois jours, nous vivons dessus à six personnes. Je l'avais coupé en dix-huit morceaux. J'en ai fait cuire six dimanche avec des oignons, six lundi avec des carottes et six hier avec des pommes de terre.

— Et plus on allait, meilleur c'était, dit Philippe.

— Mais vous en aviez chacun gros comme une noix?

— Regardez ce goulu-là, dit Madame Philippe; il s'en donnait mal au ventre.

Philippe rit selon son habitude. C'est-à-dire qu'il ouvre la bouche comme s'il riait et que sa peau cuite fait des plis serrés autour de ses yeux. On n'est pas sûr qu'il rit. Les yeux clairs tranquillisent par leur gaieté puérile, mais la bouche, qui bâille inutilement, trouble un peu. Et quand cette bouche se ferme, la figure de Philippe cesse de vivre. Elle ressemble à une motte de terre dont sa barbe serait l'herbe sèche.

Les Philippe peuvent s'offrir un lapin maigre par an; mais il leur arriva une fois, en 1876, de si bien manger qu'ils ne l'oublieront jamais. Ils recevaient la visite d'un cousin éloigné, et Madame Philippe eut l'idée de le fêter par un repas où elle ne ménagerait rien.

Elle alla consulter Madame Loriot, la cuisinière du château.

— Je veux, dit-elle, faire à notre cousin une soupe qui le régale. Enseignez-moi une soupe.

— Quelle soupe? dit Madame Loriot.

— Une soupe comme la vôtre, une soupe de riches.

— Oh ! moi, je connais tant d'espèces de soupes, dit Madame Loriot, que je vous engage à faire un pot-au-feu. C'est ce qu'il y a de meilleur et de moins difficile.

— Faudra-t-il mettre du pain dedans ? dit Madame Philippe.

— A votre place, dit Madame Loriot, j'y mettrais du vermicelle. C'est plus distingué.

Madame Philippe courut s'approvisionner, et, rentrée chez elle, vida un plein sac de vermicelle dans son pot, avec le bœuf et les légumes.

Et, le soir, elle servit d'abord le bouillon où chacun put déjà goûter quelques brins de vermicelle qui excitèrent l'appétit.

Puis elle servit les légumes et le gros du vermicelle.

Et elle servit enfin la viande de bœuf et le reste du vermicelle qui s'y était collé comme par un jour d'orage.

Madame Corneille fut une fermière économe, et il ne lui arriva qu'une fois dans sa vie d'offrir quelque chose à un de ses domestiques. Il faisait chaud, chaud, ce jour-là ; jamais peut-être il n'avait fait si chaud. Inoccupée et à l'ombre sur sa porte, elle regardait Philippe, alors domestique chez les Corneille, barbouiller de vert une charrue. Coiffé d'un vieux petit chapeau déteint, sans forme, et qui n'était pas de paille, il suait, il fondait, il gouttait. La peau de sa figure devenait rose tendre. Juste sous le soleil, il travaillait tête basse et, observé par sa maîtresse, il écartait la couleur comme un vrai peintre.

Madame Corneille, quoique dure pour les autres et pour elle, ne put se retenir.

— Venez boire un coup, Philippe, dit-elle bourrue.

Philippe ne prit pas le temps de s'étonner. Il vint, comme s'il obéissait à un ordre, et entra derrière Madame Corneille, après avoir quitté ses sabots. Madame Corneille tira du seau une bouteille qui rafraîchissait et elle emplit un verre.

— Avalez, dit-elle, à peine moins impérieuse que si elle eût donné de l'ouvrage.

Philippe but sans cérémonie, comme un trou dans une terre sèche, et brusquement il ôta de sa bouche le verre encore à moitié plein. Il frissonnait, les lèvres rétrécies, toussant et sourcillant.

— On croirait que vous grimacez, dit Madame Corneille. N'est-il pas bon?

— Si, si, Maîtresse, dit Philippe qui tâchait de rire.

— Vous dites si, comme vous diriez non. Le vin aurait-il un goût ?

— Non, non, Maîtresse.

— Cette fois, vous dites non, comme vous diriez oui, fit Madame Corneille, du ton qu'elle prenait quand les choses allaient se gâter. Puisque notre vin n'a pas de goût, il vous déplaît donc ?

J'aime mieux le savoir. J'irai vous en chercher du meilleur.

— Pour ne pas mentir, Maîtresse, il a un petit goût suret, mais c'est plutôt agréable, dit Philippe mal à l'aise.

Il vida le verre, mit ses sabots et retourna colorier sa charrue au soleil.

— Et après, dis-je à Philippe qui hésitait, finissez. Pourquoi, en buvant, faisiez-vous la moue ?

— Parce que, dit Philippe, la maîtresse m'avait versé, au lieu de vin, du vinaigre.

— Du vinaigre ! Ah ! ah ! mon pauvre vieux Philippe !

— Oui, de ce vinaigre rouge qu'elle fabriquait et qui emportait la mâchoire.

— Et vous ne disiez rien ?

— Je n'osais pas.

— Ce n'était qu'une erreur de Madame Corneille.

— Je ne savais pas.

— Comment ? Supposiez-vous qu'elle vous attrapait ?

— Qu'est-ce que je devais croire ? Aujourd'hui même je me le demande. J'étais fort embarrassé. Je me disais : « Si la maîtresse ne le fait pas exprès, faut-il la mortifier, pour une fois qu'elle est gracieuse avec un domestique ? et si elle le fait exprès, si elle s'amuse, faut-il l'empêcher de rire ? » Et, dans le doute, je me taisais.

— Madame Corneille s'est aperçue de la méprise ?

— Elle ne m'en a point parlé.

— Vous pouviez lui raconter l'histoire plus tard. Elle aurait ri.

— Elle ne riait guère, dit Philippe, et elle n'aimait pas avoir tort. Chaque fois que le mot me venait au bout de la langue, je ravalais ma langue.

— Ce qui m'étonne, c'est que vous ayez eu le courage de boire le verre tout entier.

— C'était moins mauvais à la deuxième moitié.

— Cela vous brûlait ?

— Ça piquait un peu l'estomac. Comme la maîtresse regardait ailleurs, j'ai couru m'éteindre avec un pot d'eau fraîche. Les gencives m'ont écumé toute la nuit. Mais le vinaigre est sain. D'abord on est malade, et puis on se trouve fortifié. Je n'y pense plus.

— Peut-être que votre ancienne maîtresse y pense toujours. A votre place, je voudrais en avoir le cœur net.

— Un monsieur comme vous peut-il se mettre à la place d'un domestique ?

— Accordez-moi, Philippe, que vous avez de la bonté de reste !

— Je ne dis pas le contraire.

En semaine, Philippe ne va pas à l'auberge, et le soleil seul cuit ses joues; mais chaque dimanche, après vêpres, le vin achève de les cuire. Non que Philippe se saoule; il boit avec mesure, pour se récompenser, et il fait durer le plaisir. Ce n'est que très tard qu'il éprouve une espèce de joie enfantine et bruyante qu'il connaît bien. Aussitôt, il s'arrête de boire et quitte l'auberge. Sur la route, il exagère un peu son ivresse; il s'amuse à gesticuler, à briser sa ligne de marche et il ne perd pas la tête quand arrive une voiture. Puis, dès qu'il aperçoit notre maison, il s'inquiète. — Qu'est-ce que le Monsieur dira?

Il rentrait heureux et je vais gâter sa journée.

Il devine que je le guette de la terrasse du jardin, où j'ai l'habitude de respirer l'air du soir, et il faut qu'il passe devant moi, pour rejoindre sa femme, déjà couchée. Il hésite, immobile à la porte du jardin, et je l'entends souffler.

Enfin, résolu, il pousse la porte : son ombre frôle la mienne; il lève son chapeau d'un geste humble et court, à peine visible, et murmure : « Bonsoir! » Et il tâche de bien suivre le milieu de l'allée, de peur d'écraser une fraise.

C'est l'heure où le coucou chante avec sa voix de poterie brute.

Demain matin, Philippe se lèvera encore plus tôt que d'ordinaire, il travaillera avec repentir, taciturne et le nez bas, comme pour enterrer l'odeur de vin restée à son haleine.

Le soir, sa soupe mangée chez lui, dans l'obscurité, Philippe vient souvent respirer le frais à côté de moi. Il apporte sa chaise, s'installe à califourchon, sort ses pieds lourds de fatigue et les met sur ses sabots, à l'air. Il bourre à moitié sa pipe et la tend à son petit garçon, Joseph, qui court l'allumer lui-même au feu de notre cuisine et qui tire les premières bouffées. C'est ainsi que le petit Joseph s'apprend à fumer, puis il va s'asseoir dans un coin, et il bâille jusqu'à ce que le goût du tabac ne lui fasse plus mal au cœur.

Tantôt j'interroge Philippe et il me questionne à son tour, par exemple, sur les étoiles. Je récite tout ce que je sais d'elles, et il me dit que le petit Joseph les connaît bien aussi et qu'il a déjà du plaisir à regarder le ciel.

— Où est-elle, gars, la Grande-Ourse? lui dit-il. Indique voir au Monsieur?

Le petit Joseph, sans se lever de son coin, sans ôter les mains de ses poches, remue à peine la tête, lance au ciel un coup d'œil qui s'arrête à la visière de sa casquette et dit :

— La Grande-Ourse, elle est droit là.

Tantôt nous préférons nous taire, immobiles et mystérieux. Je ne distingue presque plus Philippe et le petit Joseph, car la nuit, profitant de ce qu'on bavardait, s'est glissée entre nous, comme une chatte, et nos voix, comme des rats peureux, restent dans leurs cachettes de silence.

Le petit Joseph n'ira plus à l'école, parce qu'il en sait assez long, et il a profité hier de la grande louée de Lormes pour se louer. Il gardera les moutons du fermier Corneille. Il est nourri et blanchi. On lui donne cent francs par an et les sabots.

Il couchera dans la paille, près de ses moutons, et il sera debout avec eux dès trois heures du matin.

— Je me suis loué du premier coup, dit-il avec fierté.

Il portait un flocon de laine à sa casquette, ce qui signifiait : « Je me loue comme berger ». Ceux qui veulent se louer comme moissonneurs ont un épi de blé à la bouche. Les charretiers mettent un

fouet à leur cou. Les autres domestiques se recommandent par une feuille de chêne, une plume de volaille ou une fleur.

Joseph arrivait à peine sur le champ de foire que le fermier Corneille l'attrapa :

— Combien, petit ?

Joseph ne dit pas deux prix. Il dit : « Cent francs », et le fermier le retint. Et comme Joseph oubliait de jeter par terre la laine de sa casquette, on l'arrêtait encore. Il se serait loué vingt fois pour une et chacun voulait l'avoir parce qu'il était doux de figure. Il s'amusait bien en se promenant. Au retour, il eut de la tristesse, mais son père, Philippe, le consola :

— Écoute donc, bête, tu seras heureux comme un prince ; tu auras un chien ; tu partageras avec lui ton pain et ton fromage, et il ne voudra suivre que toi.

— Oui, dit Joseph, et je l'appellerai Papillon !

ET Joseph connaît maintenant le plaisir d'avoir de l'argent à soi, dans sa poche. Il ne dépense jamais rien. Un sou de gagné, c'est un sou d'économisé. Il connaît le plaisir d'avoir un chien docile qui ramène les moutons lambins, et les serre de près, sans les mordre, et le plaisir d'avoir un fouet. Il fouaille de bons coups qui cassent les oreilles et retentissent par le village. La mèche usée, il s'assied au bord du fossé, quitte un sabot, une chaussette, noue le fouet à son orteil, et, la jambe raide, il se tresse, les doigts fréquemment mouillés, une longue mèche de chanvre neuf.

Il se trouve plus heureux que son frère Gabriel qui s'est loué l'année dernière. Non que les maîtres de Gabriel soient méchants ; ils ne lui rendent pas exprès la vie dure, mais il faut qu'aux époques de labour il se lève chaque matin à deux heures. Il va chercher les bœufs au pré, pour qu'on les attelle à la charrue.

La nuit est noire et le pré loin. Gabriel traverse d'abord avec assurance le village endormi, mais, aussitôt qu'il a dépassé l'auberge, la peur le prend. Ses yeux, pleins de sommeil, distinguent mal, à droite et à gauche, le fossé, les arbres immobiles, le canal muet, la rivière chuchoteuse et, de temps en temps, une borne de la route. Mais ce qui l'impressionne le plus, c'est, quand il arrive au pré, d'ouvrir la barrière grinçante.

Le voilà seul dans les herbes où son pied tâtonne. Il perd la tête, il tombe à genoux et demande à Dieu pardon de ses péchés. Sa prière ardente et brève lui redonne du courage. Il devine que les bœufs sont cette blancheur là-bas. Il les écoute se dresser et respirer bruyamment, et il s'approche d'eux, les bras tendus.

— Holà ! Rossignol ! dit-il d'une voix faussée, où es-tu ?

Ce n'est pas Rossignol ! c'est Chauvin qu'il touche le premier. Il le reconnaît à son poil usé au flanc gauche par le timon. Le poil de Rossignol s'use au flanc droit. Et Gabriel reconnaît aussi les cornes de Chauvin. Celles de Rossignol sont égales et Chauvin n'en a qu'une tout entière ;

l'autre est cassée et le bout manque.

Dès que Gabriel tient la plus longue dans sa main, il lui semble qu'il se réveille, que les ténèbres se dissipent et qu'il n'a jamais eu peur, et il serre fortement la corne. Chauvin s'ébranle d'un pas de laboureur ; Rossignol marche derrière avec docilité et les deux bœufs ramènent Gabriel au village.

A leur âge, me dit Philippe, j'étais loué depuis longtemps. Je me rappelle que la première fois que j'ai couché avec mes moutons, je ne savais pas où faire mon lit. J'ai mis une botte de paille dans le râtelier pour y dormir. Quand je me suis réveillé le matin, les barreaux tâtaient mes côtes. Il ne restait plus un brin de paille sous moi. Les moutons m'avaient mangé mon lit. Et je me rappelle que la nuit suivante, il faisait un gros orage. J'avais peur tout seul. Je me suis levé pour aller près de mon chien qui dormait sous un chariot dans la cour : c'était une compagnie.

En ce temps-là, les petits bergers et les petits porchers étaient traités dur. On ne leur donnait que du pain.

— Rien avec?

— Rien que l'eau de leur soupe.

— Pas de salé?

— Ni salé, ni légumes, ni un œuf, ni un morceau de fromage. Je vous le dis: rien que du pain. Avant d'aller au champ, ils coupaient au pain commun ce qu'il leur fallait pour la journée et c'était fini. Demandez aux fermiers Corneille qui se sont retirés et qui vivent de leurs rentes. Madame Corneille défendait au berger et au porcher de rester là, quand les autres domestiques se mettaient à table; on aurait pu passer en cachette, aux gamins, un peu de fricot !

— Quels avares, que ces Corneille!

— Ils avaient raison, dit Philippe. C'est de cette manière-là qu'ils sont devenus riches. Aujourd'hui, nos gamins ont de la chance. Ils se louent mieux que les autres domestiques. On les recherche parce qu'ils sont commodes. Une ferme a toujours besoin de deux servantes, d'une forte fille pour les gros ouvrages et d'une plus jeune pour l'aider. Mais celle-ci, on la remplace avec avantage par un gamin. Il peut faire tout ce qu'elle fait. Il peut encore porter la soupe au loin dans les champs, et il ne craint pas les ouvrages malpropres. Il faut un lit à une fille, à un gamin il ne faut que de la paille. Aussi, on les paie de plus en plus cher, on les soigne comme des hommes.

C'EST pourquoi la rage de se louer tient le dernier des Philippe à son tour, le petit Émile, qui n'a pas dix ans. Elle le tenait déjà l'année passée, et son père a dû le calotter. Elle le reprend plus fort cette année, mais Philippe refuse.

— Non, lui dit-il, quand je dis non, c'est non.

Quelque espérance reste au cœur d'Émile. Il obtient la permission d'aller voir, au moins, les autres se louer.

Il ne peut durer ce matin au lit. Enfin, son père se lève ; ils partent et personne n'arrive avant eux sur la place où se fait la louée. Par jeu, Emile met à sa bouche une feuille de chêne en signe qu'il est à louer. Comme son père lui dit de l'ôter, il la mange. Il regarde venir les voitures pleines de monde et les bandes de domestiques qui tiennent la largeur d'une route. Tous ne sont pas des environs. Il en est qui viennent de loin. Émile observe de préférence les gamins de son âge qui circulent librement à la recherche d'un maître. Il ne fait pas attention aux colporteurs qui vendent des ceintures, des chaînes de montre et des porte-monnaie. Les femmes se mêlent, à part, aux filles qui veulent être servantes. On se dévisage, on attend des offres, on cause peu ou plutôt, tournant sur pied, on se récrie. Parfois un groupe se détache et entre à l'auberge.

Tout à coup, un fermier passe devant Émile et s'arrête.

— Est-il loué, ce petit gars-là, dit-il?

Émile, malade d'émotion, baisse la tête. Philippe répond pour lui :

— Non, il n'est pas loué et il n'est pas à louer.

Le fermier s'éloigne. Les lèvres d'Émile tremblent, grimacent et il se met à pleurer. On rit de son chagrin, autour de lui, moi le premier.

— Écoute, lui dis-je, si tu veux, je te loue à mon service. J'achèterai un cochon, et chaque jour, après la classe, tu viendras le prendre pour le mener au champ. Tiens, mets dans ton porte-monnaie tes quarante sous d'arrhes.

Émile croit que je me moque de lui comme les autres. Il se détourne, chine plus fort et du pied râpe la terre.

Philippe agacé le secoue.

— Si tu ne te tais pas, dit-il, je vas te flanquer

une paire de calottes. Au moins tu sauras pourquoi tu pleures. Et si tu veux rester, reste, moi je rentre.

Et il fait semblant de le laisser là. Mais à peine a-t-il le dos tourné qu'Émile le rattrape et se cache dans sa blouse.

Comme j'ai recommandé à Philippe de me prévenir, il me télégraphie : *Tuerai cochon samedi.* Le temps de passer douze heures en chemin de fer, et me voilà chez les Philippe.

— Il va bien? dis-je.

— Oui, répond Philippe.

— Où est-il?

— Dans l'écurie, en liberté.

— Calme?

— Il se repose depuis deux jours; je ne lui donne pas à manger, il vaut mieux le tuer à jeun.

— Il est très doux, dit Madame Philippe. Je l'ai promené hier dans la cour. Je n'espérais pas le rentrer toute seule. J'en suis venue à bout comme d'un mouton.

— Combien pèse-t-il?

— Deux cent sept livres.

— C'est un poids.

— C'est raisonnable, dit Philippe, et je crois qu'il sera bon. Je l'ai acheté à un fermier que je connais et qui l'a engraissé avec de l'orge.

— Pourvu qu'il fasse beau demain!

— Le vent tourne au nord, dit Philippe. Il fera sec, et si nous avons la chance qu'il gèle cette nuit, ce sera le meilleur temps pour tuer un cochon.

— Tout est prêt?

— Oui, j'ai retenu mon voisin Pierre, il n'ira pas travailler au canal et il nous aidera.

— Je vous aiderai aussi.

— La voisine et moi, nous ferons le boudin, dit Madame Philippe.

— A quelle heure le réveillerez-vous?

— Le cochon?

— Oui.

— Au lever du soleil.

— Bonsoir, dis-je; allons dormir et prendre des forces.

— Votre arrivée m'a fait plaisir, me dit Philippe. Je suis content de le tuer devant vous.

Le lendemain matin, à sept heures, il frappe à ma porte et je m'habille au clair du soleil qui tombe par la cheminée. Philippe a mis un tablier propre. Il s'assure que son couteau coupe bien. Il a écarté de la paille sur le sol. Tandis que les femmes, Madame Philippe et la voisine, font les effarées, il est grave.

Pierre, les mains dans ses poches, et moi, nous le suivons jusqu'à l'écurie. Il entre seul avec une corde et nous laisse à la porte. Nous écoutons. J'entends Philippe qui cherche le cochon et lui parle. Le cochon grogne à cette visite, mais il ne marque ni satisfaction ni inquiétude. Pierre, habitué, m'explique ce qui se passe.

— Philippe, dit-il, va lui prendre la patte avec un nœud coulant.

Oh! oh! le cochon se fâche. Cette fois, il grogne assez fort pour que les chiens, là-bas, lui répondent. Je devine qu'il se sauve et que Philippe l'a manqué.

— Laissez entrer un peu de jour, dit Philippe.

J'ouvre la porte et la referme vite, parce que j'ai vu brusquement le nez du cochon. Je dis à Pierre, qui sait mieux que moi, de la tenir comme il faut. Mais la chasse dure peu : Philippe accule le cochon dans un coin de l'écurie et, après une courte lutte corps à corps, le maîtrise.

— Ouvrez ! crie-t-il entre les cris désespérés du cochon.

Tous deux sortent de l'écurie. Le cochon a une patte de derrière prise dans la corde que Philippe tient d'une main haute et il est joli à voir, frais et net, comme s'il venait de faire sa toilette. Notre présence et la lumière du jour l'étonnent. Il se précipitait, il s'arrête et cesse de crier. Il fait quelques pas dehors et se croit libre. Il souffle, il flaire déjà des choses. Mais Philippe donne la corde à Pierre, saisit le cochon par les oreilles et le renverse, gigotant et hurlant, sur la paille écartée. Les femmes tendent, celle-ci un linge et le couteau à saigner, celle-là une poêle pour recevoir le sang. Pierre tire la patte et l'immobilise, et moi je vais à droite et à gauche.

Philippe, son couteau dans les dents, s'affermit, pose un genou sur le cochon, et lui tâte sa gorge grasse.

Pierre, qui riait, devient sérieux; les femmes ne bavardent plus; le cochon terrassé se débat moins, mais il crie de toutes ses forces et il est assourdissant.

— Approche la poêle, dit Philippe à sa femme.

— Approchez le bassin, dit Madame Philippe à la voisine, j'y viderai ma poêle quand elle sera pleine.

— Je suis honteux, dis-je, il n'y a que moi d'inutile.

— Il faut bien, dit Philippe, quelqu'un pour nous regarder.

Il pique la pointe du couteau à la place qu'il marquait du doigt, et il appuie. Il appuie à peine. Le couteau pénètre si aisément qu'il semble que ce soit agréable au cochon. J'attendais des cris redoublés, une fureur suprême. Il ne bouge pas et il ne fait plus que se plaindre.

Philippe tourne la lame. Le sang filtre et bientôt, par l'incision élargie, il coule d'un jet régulier. Il n'éclabousse pas; il tombe épais comme une tresse rouge; il est riche comme du sang de héros et doux à l'œil comme du jus de confitures.

Chaque fois que Philippe serre la plaie, sa femme verse le sang de la poêle dans le bassin où la voisine le remue avec ses mains pour éviter qu'il se coagule. Elle rejette les caillots et elle s'amuse, la voisine ! d'un geste lent, elle forme et déforme les plis lourds d'une étoffe écarlate.

Les cris espacés du cochon s'éteignent. Le dernier gémissement rauque pousse dehors le der-

nier sang. Telle une source saute sur un caillou. La lame fouille encore une gorge flasque qui ne rend plus. Le cochon est vide et Philippe le bouche avec un peu de paille tortillée.

— Vous êtes sûr, Philippe, qu'il est mort ?

On dirait qu'il a eu plus de peur que de mal. La peau reste rose sous les soies. Comment croire que nous l'avons fait souffrir et que c'était à lui, tout ce sang que les femmes portent à la cuisine ? Il va disjoindre ses pattes, se dresser, et de son allure raide, par une série de dures détentes, se projeter en ligne droite, toujours devant.

— Ça arrive, me dit Pierre, et quelquefois ils se sauvent, le feu sur le dos.

Mais Philippe, dont ce n'est pas le jour de plaisanter, lève l'oreille du cochon et me montre dessous un petit œil livide, impressionnant. A ce signe, on peut griller le cochon.

Philippe le recouvre de paille, Pierre l'allume et une prompte fumée nous aveugle; une odeur de couenne roussie et de corne brûlée ne tarde pas à nous mettre en joie et en appétit. Avec des torches de paille, nous entretenons la flamme et nous la promenons sous les pattes et dans les oreilles.

Pierre ramasse un des sabots que la chaleur a fait éclater et au creux duquel colle un peu de chair blanche et fine.

— Elle est cuite à point, me dit Pierre. Goûtez-y. Les gamins du village se battraient pour l'avoir.

— Ce n'est pas mauvais, dis-je ; ça sent la châtaigne.

— Régalez-vous donc, dit Pierre qui arrache et me jette les quinze autres sabots des quinze autres doigts des quatre pieds du cochon.

Mais je réponds que je ne suis pas un gourmand égoïste et que j'aime mieux les garder pour mes amis de Paris.

Je leur ai fait une visite de nouvel an.

J'avais quitté une campagne touffue, je l'ai retrouvée dégarnie, mais plus verte qu'en octobre, parce que les blés sortent de terre. L'herbe, si longtemps grillée, s'est rafraîchie d'une herbe neuve et courte que les bœufs ne peuvent pas saisir de leur grosses lèvres. Il a fallu les rentrer à la ferme. On ne voit plus, dans la campagne, les familles de bœufs qui l'habitaient. Seuls, quelques chevaux restent au pré. Ils savent prendre leur nourriture où le bœuf n'attrapait rien. Ils craignent moins le froid et s'habillent l'hiver d'un poil grossier à reflets de velours.

Sauf une espèce de chêne, dont la feuille persiste et ne tombera que pour céder sa place à la feuille nouvelle, tous les arbres ont perdu toutes leurs feuilles.

La haie impénétrable est devenue transparente, et le merle noir ne s'y cache pas sans peine.

Le peuplier porte, à sa pointe, un vieux nid de pies hérissé en tête de loup, comme s'il voulait balayer ces nuages, plus fins que des toiles d'araignées, qui pendent au ciel.

Quant à la pie, elle n'est pas loin. Elle sautille, à pieds joints, par terre, puis de son vol droit et mécanique, elle se dirige vers un arbre. Quelquefois elle le manque et ne peut s'arrêter que sur l'arbre voisin. Solitaire et commune, on ne rencontre qu'elle le long de la route. En habit du matin au soir, c'est notre oiseau le plus français.

Toutes les pommes aigres sont cueillies, toutes les noisettes cassées.

La mûre a disparu des ronces agressives.

Les prunelles flétries achèvent de s'égrainer, et comme la gelée a passé dessus, celui qui les aime les trouve délicieuses.

Mais le rouge fruit du rosier sauvage se défend et il mourra le dernier, parce qu'il a un nom rébarbatif et du poil plein le cœur.

A l'entrée du village, je m'étonne qu'il soit si petit. Les maisons que séparaient leurs jardins semblent, ces jardins dépouillés, ne faire qu'une contre l'église. Le château s'est rapproché, ainsi que les fermes éparses, les champs nets, les vignes claires, les bois percés à jour, et d'un point à l'autre de l'horizon borné, la rivière coule toute nue.

Personne dehors. Aucune porte ne s'ouvre à mon passage. Quelques rares cheminées fument. Les autres fument sans doute à l'intérieur.

Enfin j'arrive chez Philippe et j'ai plaisir à les revoir, lui et sa femme. Il est vêtu comme au mois d'août et il porte seulement sa barbe d'hiver. Ma visite ne le surprend et ne l'émeut que jusqu'à un certain point. Il me donne à toucher sa main fendillée et me dit qu'il n'y a rien de nouveau.

— Point de mort, depuis mon départ?

— Vous ne voudriez pas, dit-il.

— Non, Philippe, mais qu'est-ce qu'il y aurait de drôle?

— Si les gens du pays mouraient comme ça, dit Philippe, il n'en resterait bientôt plus.

— Vous avez raison... Travaillez-vous fort en ce moment?

— Je bricole, dit Philippe, en attendant qu'il fasse bon bêcher; je casse des pierres pour mes prestations, je fais des fagots; j'appointis des

pieux de vigne; je charroie du fumier au jardin et le reste du temps je me chauffe et puis je me couche.

— A quelle heure?

— J'ai bien du mal à dépasser huit heures. Si j'essaie de lire l'almanach, je m'endors le nez sur le papier.

— Et vous, Madame Philippe, après votre ménage, qu'est-ce que vous faites.

— Vous le voyez, répond Madame Philippe, je tricote une chaussette.

— Toujours la même?

— Ce serait malheureux, dit-elle.

— Pour qui celle-là? Pour Joseph?

— Non, pour Antoine.

— Le soldat. Se plaît-il au régiment?

— C'est difficile à savoir, répond Madame Philippe. Il n'écrit guère, parce qu'il met trois jours à gagner un timbre, et il n'en écrit pas long à la fois.

— Quand le verrez-vous?

— Ce soir, peut-être.

— Comment, ce soir?

— Oui; dans sa dernière lettre il nous annonçait son arrivée pour aujourd'hui, par le train du soir. Il ne nous a pas récrit contre-ordre.

— C'est qu'il va venir. N'allez-vous pas, Philippe, au-devant de lui ?

— Pourquoi faire !

— Pour le ramener de la gare.

— Il connaît le chemin, dit Philippe. Il s'amènera seul. Il est grand.

— Vous l'auriez embrassé tout chaud.

— Oh ça !

— Quoi ! vous aimez bien votre Antoine.

— Ce n'est pas l'habitude chez nous, d'aller à la gare, dit Philippe gêné. D'ailleurs, moi je ne pense pas qu'il vienne ; il serait déjà ici.

Comme Philippe regarde l'horloge et calcule des heures dans sa tête, j'entends un bruit de grelots.

— Écoutez, dis-je, c'est lui.

— En voiture ! ça m'étonnerait, dit Philippe avec calme. Il aurait donc trouvé une occasion !

Madame Philippe se lève et les aiguilles de sa chaussette remuent comme les antennes d'une bête inquiète. Philippe ouvre la porte et va voir.

Ce n'est pas Antoine, c'est un fermier complaisant qui dépose un paquet adressé aux Philippe et que lui a remis un homme de la gare.

Madame Philippe à genoux déficelle le paquet et elle y trouve les effets de civil d'Antoine. Il devait les apporter lui-même s'il venait en permission.

— C'est qu'il ne viendra pas, dit-elle.

— Il y a peut-être, lui dis-je, une lettre dans le paquet?

— Non, dit-elle.

— Cherchez au fond.

— Rien, dit-elle.

— Vous recevrez sûrement demain un mot par le facteur. Antoine vous expliquera pourquoi il ne vient pas et il vous souhaitera la bonne année.

— C'est probable, dit Philippe.

Madame Philippe déplie et secoue les effets, une culotte, une veste, un chapeau mou, une cravate cordonnée et un peu de linge sale.

— Voilà, dit-elle, toutes les nippes qui l'enveloppaient quand il nous a quittés. On croirait qu'il est mort.

Depuis neuf heures, le village dort dans le silence.

On ne trouverait pas un chien égaré. Il n'y a plus que la lune dehors. Inutile, elle répand sa lumière blanche dont personne ne profite et perd son temps à n'éclairer que des choses, la rue déserte, les volets fermés.

Mais, à minuit, un verrou pousse une plainte de gorge malade, la porte s'ouvre et Philippe se montre, pieds nus, en chemise et en bonnet de coton. Il bâille, écarte les bras, se rafraîchit au courant d'air et regarde la lune, stupéfait de la voir encore pleine, bien qu'il l'ait toujours vue régulièrement croître et décroître depuis qu'il la connaît.

Il traverse la cour, va jusqu'au petit mur qui contient le fumier, et autant par habitude que par économie, il pisse.

Il ne rentre pas tout de suite et goûte le calme comme un breuvage.

D'ailleurs, on tire un autre verrou, une seconde porte s'ouvre et le maréchal ferrant, réveillé par une même cause, sort de sa maison. Il a pris son tricot et ses sabots. Ses premiers regards montent vers la lune.

— Est-elle belle !

Il ne dit que cela.

Il pisse.

Bientôt paraissent le meunier, l'aubergiste, et Gagnard, et Fernet, qui se hâtent différemment, selon le besoin.

On croirait qu'ils se sont donné rendez-vous.

Mais non. Ils se lèvent ainsi au milieu des pures nuits d'été. Ils laissent un instant les femmes libres chez elles, et préfèrent pour eux la nature.

Ils se reconnaissent avec plaisir et échangent des paroles rares, d'une sonorité qui les étonne. Ils se gardent de plaisanter ou de songer à mal.

Avant d'aller se recoucher, ils s'attendent. Rien ne les presse. Ils aiment peu le lit.

— Le fermier est donc mort, qu'il ne vient pas?

Jérôme, le plus vieux du village, s'avance appuyé sur une canne. Sa fille a beau lui dire :

— Papa, vous vous enrhumerez; mettez votre culotte, au moins.

Il s'obstine et périrait plutôt que de s'abandonner à la mollesse.

Les autres lui crient un bonsoir familier.

Très occupé, il ne répond pas.

Il accomplit gravement les moindres actes de la vie, et la lune ne saurait le distraire.

Il a fini. Tous ont fini.

— A demain!

— A aujourd'hui, tu veux dire!

Paresseusement, chacun rentre. Les portes claquent. Le dernier verrou jette un cri de gorge étouffée.

La lune reste toute seule dehors, plus vaine que jamais. Un rêve de linotte troublerait le silence.

MADAME Philippe est encore agitée et toute fière, parce qu'elle a reçu la visite de Madame Delange, la riche châtelaine.

— Je vous jure que c'est vrai, me dit-elle.

— Mes félicitations, Madame Philippe, et quand avez-vous eu cet honneur ?

— Ce matin; j'étais occupée à mon ménage, quand tout à coup je vois entrer cette belle dame. Je ne savais où me mettre. Elle me dit : « Bonjour, Madame Philippe; je vous fais, en passant, une petite visite. » Moi je retrouve ma tête perdue et je lui dis : « Vous êtes bien aimable, Madame. » Et je lui offre une chaise pour s'asseoir. « Non, merci, me dit-elle, je ne suis pas fatiguée. » Elle soufflait cependant fort, mais elle préfère rester debout, elle regarde les murs de la maison, l'horloge, le lit, l'arche, et elle me demande des nouvelles du père et des petits, si l'année sera bonne en foin, en blé, en fruits; et elle parle, elle parle; je n'ai pas le temps de lui répondre; puis ça la reprend, elle me dit au revoir et elle sort.

— Si vite?

— Comme ça.

— C'est drôle.

— Oui, c'est drôle. Qui donc pouvait imaginer que la dame du château entrerait un matin dans la maison d'une pauvre femme comme moi?

— Personne, Madame Philippe, et j'ai beau chercher, je ne m'explique pas la cause de cette visite.

— La cause? Mais Madame Delange me l'a

expliquée. Elle voulait me voir, par gentillesse, tout bonnement.

— Vous êtes sûre?

— Rien ne l'y obligeait, je ne l'invitais pas.

— Vous croyez sérieusement, Madame Philippe, que c'était une vraie visite?

— Et pourquoi pas? Oh! une toute petite visite de hasard. J'ai pensé : Madame Delange se promène, il fait beau, elle est de bonne humeur, elle passe devant ma porte ouverte, elle m'aperçoit et se dit : « Tiens, je ne connais pas la cabane des Philippe, je veux voir comment cette brave femme s'arrange chez elle, ça lui fera plaisir. »

— Et vous êtes flattée?

— Faut-il me désoler parce que cette dame me prouve qu'elle ne me méprise pas? Mais elle a dû me prendre pour une mal élevée. J'ai oublié de lui demander si elle voulait se rafraîchir. Elle est partie trop brusquement. Si j'avais osé, j'aurais couru après elle.

— Vous dites qu'elle soufflait fort?

— Oui, elle était rouge de chaleur.

— Dites-moi, Madame Philippe, quand elle est entrée, vous n'avez rien remarqué sur la route?

— Non.

— N'y avait-il pas, sur la route, des bœufs?

— Quels bœufs ?

— Y en avait-il ?

— Est-ce que je m'amuse à regarder s'il passe des bœufs, sur la route ?

— Vous n'avez jamais peur des bœufs, vous, Madame Philippe ?

— Pourquoi diable me posez-vous des questions pareilles ?

— Et savez-vous si la châtelaine en a peur ?

— Je ne sais pas, et je ne tiens pas à le savoir.

— C'est très important, car si Madame Delange, la riche châtelaine, a peur des bœufs, et s'il passait des bœufs sur la route, au moment où elle est entrée dans votre maison, sa visite n'a plus rien qui doive vous étonner, Madame Philippe, ni vous enorgueillir.

— Ah ! vous êtes plus malin que moi, me dit-elle désillusionnée.

— Non, Madame Philippe, mais j'ai tout vu ce matin.

COURTE, ronde, avec une taille de gerbe, solidement debout sur ses larges pieds d'armoire, elle me dit, d'un air modeste, qu'elle a été la nourrissonne de Madame Corneille.

— Je ne comprends pas, Madame Philippe, vous avez presque son âge.

— Tout de même, dit-elle, quand Madame Corneille a sevré sa Pauline, comme son lait ne passait pas, c'est moi qui l'en ai délivrée.

— De quelle manière?

— En la tétant.

— Quel âge aviez-vous donc?

— Dix-neuf ans.

— Mais vous étiez encore fille.

— Oui.

— Et Madame Corneille n'avait pas honte?

— C'est moi qui me suis offerte. D'abord, elle refusait : « Tu n'oserais pas », me dit-elle. « Madame, ai-je dit, je m'offre de bon cœur, et ce n'est pas pour mon plaisir, c'est parce que je vois que vous tomberez malade. » Aussitôt, elle déboutonne son corsage et je m'installe entre ses genoux. Elle s'y est vite habituée. Le matin, au réveil, elle m'appelait : « Viens prendre ta goutte, disait-elle aimablement. » Je n'étais pas longue à la mettre à son aise et elle me remerciait avec ses plus douces paroles.

— C'est agréable, Madame Philippe?

— C'est un travail qui ne donne pas appétit, mais la chère dame souffrait tant! fallait-il la laisser souffrir?

— Non, Madame Philippe, il ne le fallait pas.

— Je vous assure qu'elle faisait pitié!

— N'aurait-elle pu se servir d'une téterelle?

— En ce temps-là, ce n'était pas connu.

Elle avait essayé de se téter toute seule avec une pipe, mais rien ne vaut la bouche humaine.

— Et vous étiez une nourrissonne habile?

— Oui, sans me vanter. Au début, encore demoiselle, je me cachais, par peur des domestiques qui se seraient moqués de moi. Puis la nouvelle s'est répandue que je tétais mieux que personne. Dès qu'une femme était embarrassée, elle m'appelait. Une fois mariée, je n'ai jamais refusé ce service.

— Votre réputation n'a pas empêché Philippe de vous aimer?

— Au contraire, dit Philippe. Elle était grasse du lait d'autrui, fraîche et blanche, et elle me plaisait beaucoup.

— Eh bien! Vous ne me croirez pas, dit Madame Philippe; j'ai tété charitablement toutes les femmes du pays qui ont eu besoin de moi, et aucune d'elles n'a voulu me téter; quand je leur montrais mes seins lourds, elles faisaient la grimace et filaient comme des lapins.

Ecoute, dit-elle à Philippe, je ne peux plus durer. Cette nuit je n'ai pas fermé l'œil; je mordais mon traversin, il faut que ça finisse. Prends ta lime, pour limer ma dent.

— Je ne sais pas limer les dents, répond Philippe.

— Je t'ai vu limer du fer comme un serrurier, dit Madame Philippe et tu ne limerais pas une vieille dent?

— Puisque tu y tiens, dit Philippe.

— Attrape ta lime, dit-elle résolue.

— Quelle bouche! dit Philippe, tu manges donc ta soupe avec un sabre?

— N'aie pas peur, dit-elle habituée à cette plaisanterie, entre ton outil et frotte jusqu'à ce que je te crie : arrête! Ensuite je mettrai sur ma dent du papier d'argent de chocolat.

— Bâille, dit Philippe.

Ce matin Philippe fauche. Il a posé dans un coin son gilet et, vêtu de sa chemise déboutonnée et de sa culotte qui tient toute seule, coiffé d'un vieux chapeau qui n'est pas de paille malgré la chaleur, il coupe aujourd'hui l'herbe de son pré qu'il trouve assez fleurie.

Philippe est un faucheur expérimenté. Il n'attaque pas le pré avec une ardeur imprudente. Il donne le premier coup de faux dont l'herbe du bord est surprise, sans précipitation, comme il donnera le dernier. Il s'efforce d'abattre l'herbe par coutelées régulières, de raser net le tapis, car le meilleur du foin c'est le pied de la tige, de faire ses andains de la même largeur, et non de finir son ouvrage avant de l'avoir commencé.

Il ne laisse pas un seul gendarme, c'est-à-dire un seul brin d'herbe debout, échappé à la faux.

Je le vois de loin qui avance à petits pas glissés, la jambe droite pliée, la gauche presque tendue et un peu en arrière. Ses sabots, où il a les pieds nus, marquent deux raies parallèles. Il trace un chemin si propre que, tout à l'heure, on passera ce lac d'herbes profondes à pied sec.

La faux coupe de droite à gauche, d'un trait rapide et sûr, puis elle revient, la pointe levée et, du dos, caresse l'herbe suivante qui va tomber.

Tantôt elle siffle, légère, tantôt elle grince et çà et là, par le pré, de grandes herbes frissonnent d'inquiétude, et brusquement elle a le hoquet sur un caillou.

Philippe s'arrête, tâte la lame du doigt et l'affile avec une pierre à aiguiser qui lui pend sous le ventre dans un cornet de bois. Et maintenant il se ferait la barbe !

Vers dix heures, Madame Philippe lui apporte une bouteille d'eau.

Pendant qu'il boit, elle cherche des « puces ». C'est le nom vulgaire d'une graminée, la tremblette, si grêle que ses petites fleurs tremblent toujours, comme des insectes, à peines retenues

au bout de leurs tiges trop minces. Madame Philippe en fait un bouquet, parce que la tremblette ne se fane jamais, et que dans un pot, sur la cheminée, elle se conservera gracieuse jusqu'à l'été prochain. C'est la fleur d'hiver des paysannes.

Philippe ayant bien bu, l'estomac gonflé d'eau, rend la bouteille à sa femme qui la cache au frais, par terre, sous le gilet.

Philippe ne se remet pas tout de suite à faucher. Il souffle un peu, appuyé sur la faux, regarde si le temps ne menace pas, si des nuages ne bouchent pas l'horizon, et il se sèche le front avec sa manche de chemise.

Madame Philippe, qui a pris chaud à cueillir seulement un maigre bouquet, s'essuie le visage avec son tablier. Ils restent là, coude à coude, un instant désoccupés.

Oh ! n'espérez rien !

L'odeur du foin ne les grise pas.

Ils ne vont pas, pour vous faire plaisir, se rouler dans l'herbe.

PHILIPPE fut valet de chambre un jour et demi. En ce temps-là, sa femme nourrice lui avait trouvé une place près d'elle.

Le premier jour, on lui donna la permission de se promener et de voir la ville. Il regarda mal et sans étonnement, car il craignait de s'égarer. Toutefois, une boutique de charcuterie l'éblouit.

Le lendemain, Madame lui fit mettre l'habit de service, le tablier, et lui demanda :

— Quel est votre petit nom?

— Philippe.

— Vous vous appellerez Jean, lui dit-elle.

Et elle commença son éducation.

Il s'agissait d'abord d'épousseter les meubles.

Resté seul, Philippe ne se reconnut pas dans les glaces.

Il s'assit, son plumeau à terre, et demeura perplexe.

Puis, se levant résolu, il prit un des vases de la cheminée, le plus petit, afin de causer moins de dommage, et le laissa tomber.

— Voilà un beau début, Jean, dit Madame accourue.

— Oui, Madame, répondit Philippe, mais ne vous fâchez point, je vais m'en aller.

— Je ne vous chasse pas pour cette maladresse, Jean. Une autre fois, vous ferez attention.

— S'il vous plaît, Madame, dit Philippe, je m'en irai quand même.

— Pourquoi, puisque je vous garde?

— Me garderez-vous malgré moi? Je mentais tout à l'heure. J'ai cassé votre pot exprès, par malice, pour me faire renvoyer.

— Encore faut-il que je vous remplace, dit Madame, vous me devez huit jours. C'est l'usage.

— Chez vous, mais chez nous, au pays, dit Philippe, dès que ça ne marche plus, on se quitte, sans tant d'explications. Attrapez votre tablier !

Le soir, il eut la joie de rentrer au village, d'ouvrir sa porte, sa fenêtre, de renifler l'air de son jardin. Il rapprocha les bouts d'un morceau de bois que la flamme avait séparé en deux, et mit à chauffer l'eau de la soupe.

De temps en temps, il souriait et se disait à part lui :

— Qu'elle vienne donc les chercher ici, la dame, ses huit jours !

PHILIPPE, qui me réveille de bonne heure, me dit qu'il s'est levé souvent cette nuit pour la regarder, et qu'à la lumière de sa lanterne elle semblait calme.

Mais ce matin il n'est pas tranquille : il lui donne du foin sec, elle le laisse ; il offre une brassée d'herbe fraîche, et Brunette, d'ordinaire si friande, y touche à peine.

Elle ne lèche plus son veau et reçoit avec impatience ses coups de nez, quand il se dresse sur ses pattes, encore inflexibles, pour téter.

Philippe les sépare et attache le veau loin d'elle. Brunette n'a pas l'air de s'en apercevoir.

L'inquiétude de Philippe nous gagne tous.

Les enfants même veulent se lever.

Le vétérinaire arrive, examine Brunette et la fait sortir de l'écurie. Elle se cogne au mur et bute contre le pas de la porte. Elle tomberait : il faut la rentrer.

— Elle est bien malade ! dit le vétérinaire.

Nous n'osons pas demander ce qu'elle a.

Il craint une fièvre de lait, fatale aux bonnes laitières, et se rappelant toutes celles qu'il a sauvées et qu'on croyait perdues, il vide une fiole sur les reins de Brunette.

— Ce liquide agira comme vésicatoire, dit-il ; j'ignore sa composition exacte : il vient de Paris. Si le mal ne gagne pas le cerveau, elle s'en tirera toute seule ; sinon, j'emploierai la méthode de l'eau glacée. Elle effraie les ignorants, mais je sais à qui je parle.

— Faites, Monsieur, ce qu'il faut.

Brunette, couchée sur sa paille, peut encore supporter le poids de sa tête. Elle cesse de ruminer, elle retient sa respiration pour mieux entendre ce qui se passe au fond d'elle.

On l'enveloppe d'une couverture de laine, parce que les cornes et les oreilles se refroidissent.

— Jusqu'à ce que les oreilles baissent, dit Philippe, il y a de l'espoir.

Elle essaye, en vain de se mettre sur ses jambes. Elle souffle fort, par intervalles, de plus en plus espacés. Brusquement, elle laisse tomber sa tête du côté gauche.

— Ça se gâte, dit Philippe accroupi et murmurant des douceurs.

La tête se relève, se rabat de l'autre côté, frappe le bord de la mangeoire, et le choc sourd nous fait crier : oh !

Nous bordons Brunette de tas de paille, pour qu'elle ne s'assomme pas.

Elle tend le cou et les pattes, elle s'allonge de toute sa longueur, comme au pré, par les temps orageux.

Le vétérinaire se décide à la saigner. Il ne s'approche pas trop. Il est aussi savant qu'un autre, mais il passe pour moins hardi. Aux premiers coups du marteau de bois, la lancette glisse sur la veine. Un coup mieux assuré fait jaillir le sang dans le seau d'étain que d'habitude le lait emplit, deux fois chaque jour, jusqu'au bord.

Puis, du front à la queue de Brunette, nous appliquons des draps mouillés d'eau de puits et fréquemment renouvelés.

Elle ne frissonne même pas.

Philippe la tient ferme par les cornes et empêche

la tête de plomb d'aller battre le flanc gauche.

Brunette, comme domptée, ne bouge plus. On ne sait pas si elle va mieux ou si ça s'aggrave. Dans son coin, le petit veau dort paisible.

Nous sommes tristes, mais la tristesse de Philippe est morne comme celle d'un animal fraternel qui en verrait souffrir un autre.

Sa femme lui apporte sa soupe du matin qu'il mange sans appétit et qu'il n'achève point, car Brunette pousse un soupir énorme et si infect que Philippe lui-même se détourne et dit :

— Mauvais signe !

Il l'observe un instant.

— C'est la fin, dit-il ; elle enfle.

Nous doutons d'abord, mais il dit vrai : elle se gonfle à vue d'œil et ne se dégonfle pas, comme si l'air entré ne pouvait ressortir.

La femme de Philippe demande :

— Elle meurt ?

— Tu ne le vois pas ? répond Philippe durement.

Madame Philippe sort dans la cour et marche un peu.

— Ce n'est pas près que j'aille en chercher une autre, dit Philippe.

— Une autre quoi ?

— Une autre Brunette.

— Vous irez quand je voudrai, dis-je d'une voix de maître qui m'étonne.

Nous tâchons de nous faire croire que l'accident nous irrite plus qu'il ne nous peine et déjà nous affectons de répéter que Brunette est crevée.

Mais, le soir, j'ai rencontré le sonneur de l'église et je ne sais pas ce qui m'a retenu de lui dire :

— Tiens, voilà cent sous, va sonner le glas de quelqu'un qui est mort dans ma maison.

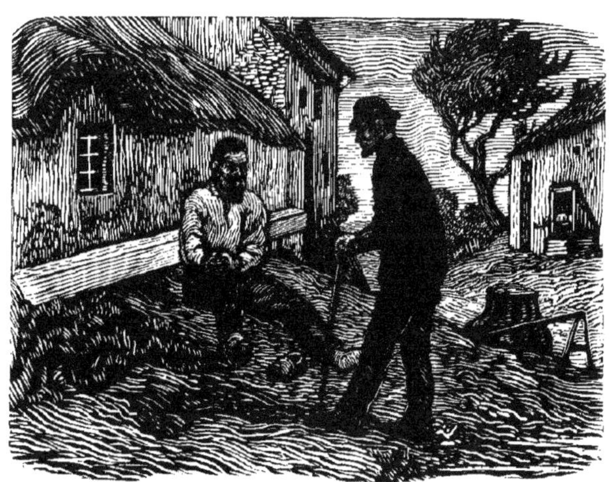

N'IMPORTE, dit Philippe, ça revient au même.

— Avec vous, Philippe, tout reviendrait au même. Ce qui importe, c'est le bonheur ; les hommes de ce village sont-ils plus heureux aujourd'hui qu'autrefois ?

— Les jeunes disent que non.

— Mais vous, Philippe, qui avez connu les vieux et qui entendez les jeunes se plaindre, que dites-vous ?

— Je crois qu'on devrait se trouver plus heureux. On est mieux couché, mieux nourri et on a moins de misère. Moi, je n'ai pas couché dans un lit avant de me marier.

— Vous couchiez avec vos bêtes ?

— Oui, et la paille sèche est préférable aux draps sales. Je ne faisais qu'un somme jusqu'à minuit où les bêtes me réveillaient. Elles ont leurs habitudes; elles se dressent à minuit pour manger un morceau de foin et j'entendais cliqueter les cornes aux bâtons du râtelier. L'hiver, leur souffle me tenait chaud, mais l'été je couchais souvent dehors, pour garder les bœufs qui passaient la nuit au pré. Un fermier n'aurait pas dormi tranquille, si ses bœufs étaient restés seuls. On abandonnait dans le pré une vieille charrette qui ne servait à rien. On y ajoutait, sur des cerceaux, une toiture de glui, de grosse paille de seigle et c'est là que couchait l'homme de garde.

— Vous étiez bien ?

— Pas mal. C'était pendant la belle saison. Le froid du matin engourdissait un peu.

— Contre quoi gardiez-vous les bœufs ?

— D'abord, il y avait des loups.

— Oh ! Philippe ! des loups dans ce coin de la Nièvre ?

— Il y en avait.

— Qu'est-ce qu'ils sont devenus ?

— Je ne sais pas. Et puis les prés n'étaient pas clos comme maintenant, les bœufs pouvaient se sauver. D'ailleurs le domestique ne gardait pas seulement les bœufs, il devait encore les faire manger. Un bœuf fatigué par le travail mange mal. Il préfère se vautrer dans l'herbe et dormir. Mais l'homme de garde sort de sa charrette et le relève d'un coup de pied. Le bœuf debout se remet à manger. Quelquefois, après une journée de forte chaleur, le domestique passait sa nuit à se promener au frais, de bête en bête. Avant le soleil, il liait les bœufs pour la charrue.

— Il gardait des bœufs, Philippe; mais qui donc surveillait le domestique ?

— Personne. Cette corvée lui semblait naturelle comme les autres. Si vous commandiez la même à nos jeunes gens, ils refuseraient, ou s'ils acceptaient, au lieu de rester dans la charrette, ils courraient à droite et à gauche dans les fermes voisines, se réchauffer auprès des servantes.

— Mais pourquoi a-t-on supprimé cette garde de nuit ?

— Parce que ce n'est plus la mode.

— Et les fermiers dorment tranquilles ?

— Oui.

— Et les bœufs ?

— Ils se gardent seuls.

— Ils ne s'en portent pas plus mal ?

— Non. La mode aujourd'hui, c'est simplement

de faire des visites aux bœufs qui ne travaillent pas et qu'on engraisse à l'herbage. Durant les dernières années de mon service, c'était ma besogne chez les fermiers Corneille. Chaque matin, à quatre heures, j'allais voir les bœufs dans les embauches. Je visitais une partie des prés avant la première soupe, je rentrais, je débarrassais au galop mon écuelle, et je visitais l'autre partie des prés avant midi. Je regardais les bœufs, pièce par pièce, pour m'assurer qu'aucun n'était malade, et je tâtais sur chacun les dépôts de la graisse.

— C'était une besogne fatigante ?

— Pas plus que les autres.

— Jamais il ne vous est arrivé d'accident ?

— Les bœufs me connaissaient. Je ne craignais que la rosée. Elle me montait aux cuisses, et malgré mes bottes, malgré le soleil, je ne pouvais pas avoir les jambes sèches avant midi, l'heure de gagner la table.

— Les Corneille vous soignaient ?

— Madame Corneille nous faisait un pain où elle mettait du seigle, des fèves, des vesces, de tout...

— Excepté du blé ?

— Elle y mettait tout de même un peu de blé, dit Philippe. Il y avait seulement trop d'ivraie

enivrante. Au réveil, impossible d'écarquiller les yeux.

— Elle vous donnait beaucoup de viande?

— Quand un cheval s'était blessé à en crever, on l'abattait et les domestiques mangeaient de la viande quinze jours de suite. Ils avalaient la bête jusqu'au dernier sabot.

— Vous buviez du vin?

— Jamais. Ils en boivent aujourd'hui.

— Du bon?

— Assez pour laver la patte d'un chien, assez pour qu'ils disent qu'ils boivent du vin.

— Les fermiers deviennent-ils donc meilleurs!

— Non, mais les domestiques deviennent plus effrontés. Ils demandent.

— Vous n'osiez pas?

— Nous n'y pensions pas, dit Philippe.

— Vous ne gagniez qu'une quinzaine de sous par jour, ils gagnent le triple; vous battiez avec le fléau et vanniez avec un van, ils battent à la machine et vannent avec le tarare; vous ne preniez de repos qu'aux grandes fêtes, et ils se plaignent!

— Et ils s'écoutent, dit Philippe.

— Peut-être que les besoins augmentent avec l'aisance, et peut-être que tout compté, Philippe, on n'est pas plus heureux aujourd'hui qu'autrefois.

— On le croirait, car des tapées de jeunes quittent le pays et vont à Paris où ils espèrent vivre grassement. Avec de la chance, ils réussissent. Mais ceux qui restent doivent montrer, aujourd'hui comme hier, les qualités de l'âne. S'ils sont sobres et laborieux, ils peuvent faire leur vie et se mettre de côté, pour les vieux jours, du pain sec.

— C'est maigre.

— On ne meurt pas de faim, dit Philippe.

— On en meurt moins vite. Ne pensez-vous pas, Philippe, que le mal vient de ce que les uns ont trop et les autres trop peu?

— Il faut bien qu'il y ait des riches.

— Pourquoi, Philippe?

— Parce qu'il y en a toujours eu.

— Pourquoi ne serait-ce pas votre tour d'être riche? Vos pères étaient pauvres, vous êtes pauvre, et vos fils et les fils de vos fils seront pauvres. Pourquoi?

— Parce que c'est arrangé comme ça.

— Ce serait autrement, si le hasard l'avait voulu.

— Il n'a pas voulu.

— Contre une telle injustice, vous avez le droit de réclamer.

— On me recevrait !

— Qui sait ?... Criez fort et les riches partageront.

— Ils ne sont pas si bêtes. A leur place...

— Qu'au moins ils donnent leur superflu !

— Dès qu'on donne quelque chose au monde, dit Philippe, de l'argent ou n'importe quoi, le monde tourne mal. Moi, par exemple, je serais vite un homme perdu.

— Vous supporteriez la fortune comme les autres.

— Non, non.

— Pourquoi, Philippe entêté ? Pourquoi ? pourquoi ?

— Parce que les autres et nous, ce n'est pas la même chose.

Voilà son refrain. Il y a deux races d'hommes, celle des riches et celle des pauvres. Il n'est pas de la race des riches. Quoi de plus clair ? Impossible de le tirer de là.

Qu'il y reste !

PHILIPPE! Philippe! il n'y a que le travail qui rende heureux.

— Oui, monsieur, dit Philippe qui bêche le jardin. Comme on le crie des fois : Honneur aux travailleurs!

— Certes, vous travaillez, Philippe, mais moi aussi je travaille.

— Vous travaillez, dit-il respectueux, en vous amusant.

— Détrompez-vous, Philippe, j'ai mes tracas, mes devoirs, comme tout le monde. Je travaille par nécessité. Quand il fait du soleil, je préférerais me promener. Je fatigue beaucoup de tête.

— Sûrement, dit Philippe, vous fatiguez plus de tête que moi. Je ne fatigue que de corps.

— Pensez-vous, Philippe, que si la tête va mal, le reste du corps n'en souffre pas? Le soir, dès que le feu de la lampe me brûle le front et les yeux, je me retiens d'aller me coucher.

— Vous n'y allez pas, dit Philippe, parce que vous ne voulez pas.

— Erreur, Philippe. Il faut que je veille, parce que je ne suis pas matinal, et je tâche de rattraper les heures perdues.

— Restez donc au lit, vous avez le temps de dormir.

— Du tout, du tout, et je donnerais gros pour avoir le courage de me lever matin. Je vous envie, vous êtes sur vos jambes au premier rayon de soleil et cela ne vous fait jamais de peine.

— Nous avons l'habitude, dit Philippe. L'hiver seulement, c'est moins agréable.

— C'est toujours dur pour moi. A midi, ce

serait encore trop dur. Vous ne connaissez pas ce supplice ?

— Non, monsieur.

— Et le supplice d'être enfermé, le connaissez-vous ? Libre, vous vivez sainement dehors. Vous prenez de l'exercice, vous faites de l'hygiène sans le savoir. S'il vous fallait demeurer immobile à la maison, trois, quatre, cinq heures de suite, les coudes sur un bureau chargé de livres, vous en auriez vite assez.

— Je crois comme vous, dit Philippe, que cette vie ne me plairait guère.

— Et vous raisonnez juste, brave Philippe. Oh ! je ne demande à personne de me plaindre ! Je veux dire que nous avons chacun nos misères, vous les vôtres et moi les miennes.

— Ce n'est pas la même chose.

— Pourquoi, Philippe, pourquoi ? Vous qui hochez la tête et qui avez le double de mon âge, voulez-vous compter nos cheveux blancs ?

— J'aimerais mieux compter nos billets de banque.

— Mais, mon pauvre Philippe, je me tue à vous expliquer que si j'étais riche comme la dame du château, je travaillerais quand même et qu'on ne travaille pas que pour gagner de l'argent.

— C'est ce que je dis, rien ne vous force à travailler; votre travail vous désennuie.

— Vous êtes vraiment têtu aujourd'hui. Tout à l'heure, vous aviez l'air de me comprendre. Vous ne me comprenez donc plus?

— Si, si, Monsieur, dit Philippe. Mais, c'est égal, je changerais bien.

PHILIPPE n'est pas fier et il use tout ce qu'on lui donne. On vient de lui offrir un chapeau de paille d'enfant orné d'un ruban violet sur lequel le mot Neptune est écrit en lettres d'or.

Philippe n'a pas une grosse tête et le chapeau l'abrite bien.

— Il fera mon été, dit-il.

— Vous n'avez qu'à ôter le ruban.

— Il ne me gêne pas.

On peut voir Philippe, qui n'est plus jeune, travailler au jardin sous son chapeau puéril. Le violet du ruban s'éteint peu à peu, mais le nom doré de Neptune persiste au soleil.

En chasse, il me surveille, et chaque fois que je passe une clôture, il accourt et écarte les épines ou les fils de fer armés de pointes.

— Ne vous donnez pas cette peine, lui dis-je. Vous attraperez un chaud et froid, je passerai bien seul.

— Oh ! ce n'est pas de vous que je m'inquiète, dit Philippe, c'est de votre paletot, vous ne prenez aucune précaution. Vous le déchirez à tous les piquants, et comme il doit me revenir un jour, je tâche d'en sauver le plus que je peux.

Le soleil d'août a brûlé l'herbe. On ne peut pas donner aux bêtes le foin de la récolte engrangée. Que leur resterait-il pour l'hiver ?

Et on les laisse au pré.

— Mais elles y jeûnent, Philippe, elles y souffrent.

— On les voit maigrir, dit-il.

— Il n'y a plus un brin d'herbe; qu'est-ce qu'elles peuvent bien manger?

— Elles ne mangent pas, répond Philippe, elles embrassent la terre.

Il ne se réjouit jamais d'avance.

— Ça pousse, lui dis-je, voilà les arbres en fleurs.

— Oui, dit Philippe, il y a bien du mal à faire pour la gelée.

Comme il travaille et sue au soleil, dans le jardin, on lui porte un verre de vin. Il l'accepte, mais il demande d'abord un verre d'eau. Il avale le verre d'eau pour la soif, puis le verre de vin pour le plaisir.

Son fils, soldat, n'a pas écrit depuis longtemps.

Philippe ne veut pas avoir l'air inquiet. Il cite son propre père qui a été sept années soldat et qui est resté sept années sans écrire. On ne savait plus où il était.

— Il est tout de même revenu, dit Philippe, et quand il est revenu, on l'a repris.

Il se reconnaît malade quand il n'a plus envie de manger que de l'échalote. Dès que sa tête brûle, il dit : « J'ai la fièvre. » Il n'est pas long à guérir parce qu'il n'avait qu'un mal de tête, mais il se croit guéri d'une fièvre.

Il tâte une chemise de soie qui sèche au soleil.

— J'aimerais ça, dit-il.

— Tu oserais en porter ? dit Madame Philippe.

— Oui.

— Tu mettrais une chemise de soie dans ta culotte de paysan ?

— Pourquoi pas ?

— Mais, mon pauvre vieux, ça jurerait avec le reste ; il faut que la queue suive le loup.

— Ah! tant pis. Pour une fois, dit Philippe, elle resterait en route.

Il prend un bain quand il pêche à l'épervier.

Il est souvent mal culotté, déboutonné, mais il dit que pourvu qu'on ne sente pas le froid de l'air, ça ne fait rien.

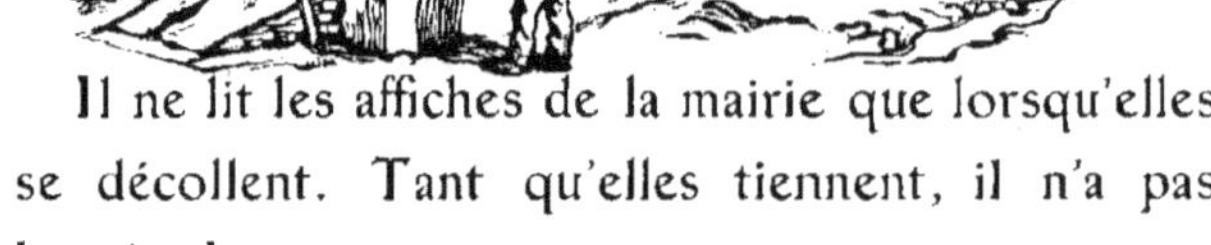

Il appelle sa vache Charmante.

— C'est commode, dit-il, quand je me fâche et que je veux l'appeler chameau, j'ai plus vite fait de changer de nom.

Il ne lit les affiches de la mairie que lorsqu'elles se décollent. Tant qu'elles tiennent, il n'a pas besoin de se presser.

Son rire fait de loin le même bruit qu'un

sanglot. Il faut voir Philippe pour être sûr qu'il rit.

La sueur du peuple n'est pas un symbole. Philippe en paraît toujours comme verni. Et de nous deux, à la chasse, c'est lui, je le vois bien, que les mouches préfèrent.

Il fait une bourriche, mais comme les oreilles du lièvre dépassent et retombent, elle n'a plus d'œil. Un lièvre tué par Philippe ne peut pas aller à Paris en marquant si mal. Il redresse donc les oreilles et les maintient droites avec une épingle anglaise.

Le soir, rentrant de la chasse, il dit :

— Je ne voudrais pas redéfaire tout le chemin que j'ai fait.

D'une femme grasse, il dit qu'elle a les os bien cachés.

Si le vent souffle fort, il dit que la girouette ne regarde pas à l'ouvrage.

Quand la rivière déborde, il dit : « On voit la mer. »

Il dit d'un épais buisson d'épines qu'on en sort tout diffamé.

A la mort de son frère, qu'il aimait beaucoup, il dit : « Je ne m'y habituerai pas vite. »

Tout arrive, dit-il, la queue du chat est bien venue.

TABLE
DES MATIÈRES

Cette édition a été établie par Edouard Pelletan, *avec le concours de* Paul Colin.

Tirée à onze cents exemplaires numérotés, dont 25 sur japon, 75 sur chine et 1000 sur papier de pur chiffon des Papeteries du Marais, elle a été achevée d'imprimer par "La Semeuse", le 30 septembre 1907, A. Jobard *étant directeur,* Nouveau *et* Massey, *protes, et* Kubler, *pressier.*

Vient de paraître :

JULES RENARD

Les Philippe

précédés de

PATRIE !

décorés de cent un bois originaux,
dont huit camaïeux,
de
PAUL COLIN

ÉDITIONS D'ART
ÉDOUARD PELLETAN
125, Boulevard Saint-Germain, 125
PARIS

1907

L'on voit certains animaux farouches, des mâles & des femelles, répandus par la campagne, noirs, livides, & tout brûlés du soleil, attachés à la terre, qu'ils fouillent & qu'ils remuent avec une opiniâtreté invincible; ils ont comme une voix articulée, & quand ils se lèvent sur leurs pieds, ils montrent une face humaine, & en effet ils sont des hommes. Ils se retirent la nuit dans des tanières, où ils vivent de pain noir, d'eau & de racines; ils épargnent aux autres hommes la peine de semer, de labourer & de recueillir pour vivre, & méritent ainsi de ne pas manquer de ce pain qu'ils ont semé.

La Bruyère. Chapitre XI. De l'homme.

M. Jules Renard connaît le succès. Aucun de ses livres n'a passé inaperçu. Poil de Carotte *l'a fait célèbre et l'on dit volontiers de M. Jules Renard : l'auteur de* Poil de Carotte. *Mais, à côté, il y a l'*Écornifleur *et les* Histoires naturelles. *Il y a aussi* les Philippe. *Pourquoi ne dit-on pas, en parlant de M. Jules Renard : l'auteur des* Philippe? *Tout simplement parce qu'il existe une loi psychologique qui s'appelle la loi du moindre effort. Le public qui a monté M. Jules Renard sur le socle de* Poil de Carotte, *ne juge pas nécessaire de le hisser sur celui des* Philippe. *Il ne contredit pas, d'ailleurs, à cette assertion que* les Philippe *sont un chef-d'œuvre.*

Mais quelle sorte de chef-d'œuvre ? Car il y a des chefs-d'œuvre de tous les genres. Si je ne craignais les comparaisons, — toute comparaison péchant souvent, à la fois, par insuffisance et par excès, — je dirais que les Philippe *sont du La Bruyère. Ils sont du La Bruyère par leur observation aiguë, par leur écriture concise, parce que Sainte-Beuve appelle les «germes poétiques» chez l'auteur des* Caractères. *Germes ici, plus développés que chez le descripteur*

Page spécimen

des « paysans » dont cette « page sublime » — autre expression de Sainte-Beuve — pourrait servir d'épigraphe aux Philippe, *et que nous plaçons en tête de ce propos.*

M. Jules Renard est, en effet, un poète naturiste qui condense son expression en une phrase brève et évocatrice. Qu'on lise, pour s'en convaincre, le petit chef-d'œuvre d'émotion et de gravité légère qui ouvre ce livre : Patrie! *Que l'on examine de près l'anecdote du colis qui contient les hardes du fils aîné, soldat; que l'on savoure tel chapitre lunaire, descriptif et net, comme une frappe de Syracuse, énergique comme une page de Voltaire; que l'on compare la mort de la vache Brunette à la même scène — fort puissante, du reste — de Zola, dans* la Terre, *et l'on verra avec combien peu d'éléments, mais avec quels termes d'un choix parfait, M. Jules Renard sait conter, sait traduire son émotion.*

Et quelle observation sympathique, en même temps que finement railleuse, est la sienne! On sent que sa bienveillance est faite d'une intelligence pénétrante et que sans tout accepter des vieilles traditions qui ne sont souvent que routines, il les tolère parce que, sur les choses de la vie, l'opinion du plus ignorant pensant à la manière de ses ancêtres vaut parfois mieux que nos théories séduisantes et neuves, qui se faussent à l'essai comme des fers insuffisamment trempés.

M. Jules Renard ne vise pas à la complication, mais au contraire à la simplicité. Peignant des mœurs rustiques, il a dessiné personnages et paysages à petits coups espacés et précis : au bout du livre son Philippe est complet : on l'a vu parler, fumer, saigner le cochon, réparer sa maison, faucher son pré, s'occuper à vingt petits travaux manuels, — on l'a vu rire :

« Philippe rit selon son habitude. C'est-à-dire qu'il ouvre la bouche comme s'il riait et que sa peau cuite fait des plis serrés autour de ses yeux. On n'est pas sûr qu'il rit. Ses yeux clairs tranquillisent par leur gaîté puérile, mais la bouche, qui bâille inutilement, trouble un peu. Et quand cette bouche se ferme, la figure de Philippe cesse de vivre. Elle ressemble à une motte de terre dont sa barbe serait l'herbe sèche. »

Voilà un exemple de la manière. Elle est de grand style.

PHILIPPE habite la maison qu'habitait son père et c'est peut-être la plus vieille du village. Son toit de chaume moussu et rapiécé qui descend jusqu'à terre, sa porte basse, sa petite croisée qui ne s'ouvre pas, lui donnent l'air d'avoir au moins deux cents ans. Madame Philippe en est honteuse.

Page spécimen

Comment M. Paul Colin a-t-il traité l'illustration de ce livre ? Je me hâte de le dire : d'une façon absolument adéquate à son esprit et fidèle à son texte. Illustration, certes ! mais avec une telle originalité que chacun de ces cent un bois forme une œuvre savoureuse et pour ainsi dire indépendante. Sur le thème fourni par l'écrivain, l'abondante imagination de l'artiste a brodé, et brodé exquisément. Ces paysages véridiques, ces ciels changeants, ces bestiaux dans leur aspect coutumier, ces paysans noueux, ces intérieurs sombres, tout cela forme comme une anthologie graphique de la vie à la campagne, — celle des campagnards, pour lesquels aucun périodique n'est publié.

M. Paul Colin est un agreste. Il aime la nature et la sent profondément. Il l'aime précisément à la façon dont l'aime M. Jules Renard, parce qu'elle est remplie d'éléments simples qu'il sait voir et dégager : la lumière, l'horizon, les masses des arbres, des maisons ou des collines, les silhouettes des gens... Et, toujours suivant son tempérament, il a traduit ses impressions d'un canif robuste et délicat, dans des bois qui ne pourront que réjouir ceux qui ont conservé l'amour vivifiant des franches xylographies. Il a su, en outre, donner au personnage de Philippe une physionomie étonnamment vraie, aussi vraie que le fut le Crainquebille, de Steinlen, le Prud'homme, d'Henry Monnier, ou le Thomas Vireloque, de Gavarni.

Ces bois sont des images sommaires et séduisantes, comme des images de deux sous, mais faites de main d'artiste. Ce sont des images rustiques. Quelques-unes sont enluminées, — à peine, — par un camaïeu. Les camaïeux du XVIe siècle sont aussi des images simplement gravées. Cela n'empêche ni la science du dessin, ni l'adresse du « coupeur de bois », ni l'aspect chantant de la planche. La coloration logique du bois est le camaïeu.

Le texte est composé en caractères Grasset, qui possède une solide assise et convient à tout ce qui respire la force et la simplicité.

Tel est ce nouveau livre de bibliophilie... populaire, si on veut

— Ah ! tant pis. Pour une fois, dit Philippe, elle resterait en route.

Il prend un bain quand il pêche à l'épervier.

Il est souvent mal culotté, déboutonné, mais il dit que pourvu qu'on ne sente pas le froid de l'air, ça ne fait rien.

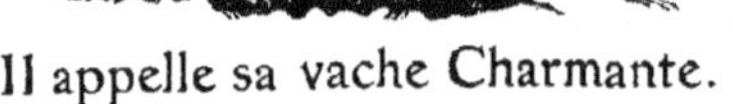

Il appelle sa vache Charmante.

— C'est commode, dit-il, quand je me fâche et que je veux l'appeler chameau, j'ai plus vite fait de changer de nom.

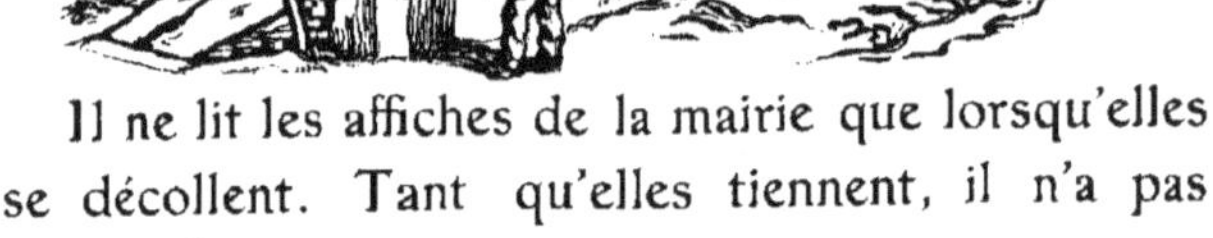

Il ne lit les affiches de la mairie que lorsqu'elles se décollent. Tant qu'elles tiennent, il n'a pas besoin de se presser.

Son rire fait de loin le même bruit qu'un

bien l'entendre. Il a été imprimé sur papier vélin, de pur chiffon, des Papeteries du Marais, par une jeune imprimerie pleine d'ardeur et de goût, et déjà de grand savoir : « La Semeuse ». Il est établi avec les mêmes soins que s'il devait être vendu trois ou quatre fois plus cher. Mais on ne doit pas faire de l'art seulement pour les fortunés du monde et il faut penser aussi à ceux qui n'ont point de galerie ou de « bibliothèque d'amateur », et qui pourtant aiment et comprennent le beau.

A cette époque de l'année où l'on se préoccupe des étrennes, ce livre robuste et sain vient naturellement se mettre sur les rangs. Il n'a point été fait dans cette intention et seules les lenteurs imprévues, inhérentes à la confection de toute œuvre d'art, ont voulu qu'il parût à cette heure.

Qu'il profite donc de cette rencontre et que surtout, il porte, dans les milieux où il pénètrera, cette douceur sereine et cette joie tranquille qui émanent de son texte et de son illustration.

JUSTIFICATION DU TIRAGE

Un volume in-8° jésus, tiré à 1,200 exemplaires numérotés, dont :

25 exemplaires sur japon ancien, contenant une collection d'épreuves d'artiste signées, sur chine, au prix net de. . . 300 fr.

75 exemplaires sur chine, au prix net de. . . . . 150 fr.

1,100 exemplaires sur papier du Marais, de pur chiffon, à . . 20 fr.

Il a été tiré six collections d'épreuves d'artiste, sur chine, à. 175 fr.

www.ingramcontent.com/pod-product-compliance
Lightning Source LLC
LaVergne TN
LVHW020021170826
845678LV00001B/79

* 9 7 8 2 3 2 9 7 7 3 6 5 0 *